Sunnhild Reinckens · Stoffpuppen – wie Kinder sie lieb

Die Puppe ein Menschenbild?

Puppen als Nachbildungen der menschlichen Gestalt sind in allen Kulturen eng mit der Geschichte des Menschen verflochten. In den antiken Kulturen Ägyptens, Griechenlands und Roms wurden figürliche Abbilder der Menschengestalt aus unterschiedlichsten Materialien (Holz, Ton, Wachs, Marmor, Bein, Leder, Stoff) und in variierender Aufwendigkeit – bis hin zur bereits beweglichen Gliederpuppe – gefertigt. Das Grab als häufigster Fundort dieser bis in die Zeit um 2000 v. Chr. zurückzudatierenden Puppen deutet auf die Rolle hin, die Puppen als menschliche Abbilder auch im kulturellen Zusammenleben der Antike gespielt haben müssen. Dem, was man einem Menschen mit ins Grab gibt, wird eine bestimmte Bedeutung im Leben oder Nachleben des Toten beigemessen. So werden auch die Puppen ihren eindeutigen Platz besessen haben, wobei es schwierig ist, zwischen kultischer und spielerischer Verwendung zu unterscheiden.

Die reine Spielpuppe jedoch scheint in unserem Kulturraum ein Phänomen der Neuzeit zu sein: Erst seit dem 15. Jahrhundert kann man eine allmähliche Entwicklung der europäischen Spielpuppe nachzeichnen. Die Bezeichnung „Puppe" ist in Anlehnung an das Lateinische „pupa" (= das kleine Mädchen) entstanden und wurde in Deutschland erst nach 1500 gebräuchlicher. Allgemeiner war im spätmittelalterlichen Deutschland der Ausdruck „docke" oder „tocke", der in der Grundbedeutung ein Holzklötzchen bezeichnete, so daß es sich bei den so benannten Puppen um entsprechend einfache Exemplare gehandelt haben dürfte. Das vergängliche Material Holz hat zur Folge, daß kaum Zeugnisse solcher Docken erhalten sind.

Während es im Bereich der einfachen Spielpuppe als Gebrauchsgegenstand noch manche Forschungslücke zu schließen gilt, sind wir über den Einsatz von Puppen als Demonstrationsob-

jekte in der Mode, der Kunst (Gliederpuppe), der Medizin und Technik (Testpuppen) besser informiert.
Puppen trugen bis ins 19. Jahrhundert generell die Gesichtszüge der Erwachsenen. Das läßt auch Rückschlüsse auf die damalige Sicht vom Kind zu. Denn in der Puppe kann der Mensch nur so abgebildet werden, wie ihn die jeweilige Zeit sieht. Kinder als unvollkommene Erwachsene zu betrachten, spiegelt die Sicht vom Kind bis weit ins 19. Jahrhundert wider. Um das Kind als eigenständige Person mit anderen Bedürfnissen zu begreifen, erforderte es ideengeschichtlicher Umwälzungen. Bereits 1762 formulierte der französische Aufklärer Jean Jacques Rousseau das dahinterstehende sozialgeschichtliche Problem: "Die Kindheit hat eine ihr eigene Art und Weise zu sehen, zu denken, zu empfinden, nichts kann ungereimter sein als das Bemühen, ihr dafür die unsrige unterschieben zu wollen."
In der biedermeierlichen Familienkultur des Bürgertums fand die erwerbslose Bürgerfrau ihr Betätigungsfeld in der Ausgestaltung des Heimes und der Kindererziehung. In diesem bürgerlichen Umfeld sind die Anfän-

ge einer Kinderkultur mit Kinderstube, Kindergeburtstag und Weihnachtsbescherung anzusiedeln. Diese Entwicklung beeinflußte die Geschichte der Puppe. Der neu zu schaffende Bereich des Kindes verlangte nach Ausstattung, was die Spielzeugindustrie im allgemeinen wie auch die Puppenfabrikation im besonderen aktivierte. Mit dem Wettbewerb stieg auch bei der Puppenproduktion das Bemühen, immer haltbarere Werkstoffe einzusetzen: im 18. Jahrhundert Papiermaché zur Puppenkopfherstellung, am Anfang des 19. Jahrhunderts Porzellan und am Ende des 19. Jahrhunderts formbares Zelluloid. Die Puppe wurde zur erschwinglichen Massenware, was zu Qualitätsunterschieden führen mußte.

Puppen waren und sind ein Angebot der Erwachsenen an die Welt der Kinder. Die damenhaften Puppen vor 1800 waren Vorbilder, die den Mädchen ihre spätere gesellschaftliche Stellung vor Augen führen sollten. In der bürgerlichen Familie des 19. Jahrhunderts war die Puppe primär zur Einübung späterer Aufgaben bestimmt; das Mädchen wurde zur Puppenmutter. Dafür brauchten die Mädchen aber vor allem Puppen in Kindergestalt. Um 1850 lieferte die Puppenindustrie den Gelenk-Täufling und die Badepuppe. Zu Beginn dieses Jahrhunderts erhielt die Puppe dann schließlich ein relativ naturalistisches Kindergesicht, – überwiegend das eines Mädchens. Damit ist nahezu ein perfektes Menschenabbild erreicht.

Als Kritik am geschönten Unschuldsblick setzte man diesen Serien-Puppen dann die Charakterpuppen entgegen, deren Gesichter menschliche Regungen ausdrückten. Käthe Kruse bereicherte um 1910 mit ihren Stoffpuppen die Beziehung zwischen Kind und Puppe um die bis dahin kaum beachtete Dimension des kindlichen Erlebens. Alle ihre Puppen fertigte sie aus hautfreundlichem Nessel, der mit natürlichen Materialien gestopft wurde.

Es mag uns heute allzu selbstverständlich erscheinen, daß wir Gefühle zulassen. Die Erfahrungen von Zärtlichkeit, Liebhaben und Kuscheln gehören zu den ganz elementaren Kindheitserlebnissen. Auch der Umgang der Kinder mit ihren Puppen wird von diesen veränderten Einstellungen berührt. Um Nähe und Wärme zu spüren, ist die kalte Plastikpuppe denkbar ungeeignet. Die liebevoll von Hand hergestellte Stoffpuppe aber, die in der Lage ist, die kindliche Wärme aufzunehmen, kommt diesen natürlichen Bedürfnissen entgegen.

Die in diesem Buch vorgestellten Puppen sind ein Angebot an Erwachsene, für ihre Kinder Freunde zum Liebhaben zu gestalten. Puppen, die Kindern nicht mehr als Repräsentanten einer feindlichen Erwachsenenwelt begegnen, scheinen für die Position des verschwiegenen Vertrauten geeigneter zu sein als die damenhaften Puppen des 19. Jahrhunderts. Einerseits ist also die Puppe unserer Zeit dem Kind zur emotionalen Bezugsfigur geworden. Andererseits wird das Spiel mit Puppen von einem gewissen Alter an vom spielerischen Nachahmen der Erwachsenenwelt bestimmt.

In der Art und Weise, wie Kinder mit ihren Puppen spielen, erfahren wir also auch ein Stück von unserer Wirklichkeit.

Karin Göbel

Erfahrungen aus meiner Puppenwerkstatt

Wenn ich nach meinem Beruf gefragt werde und antworte: „Puppenmacherin – ich mache Stoffpuppen", horchen viele Menschen auf. Oft erhalte ich die Antwort: „Oh, da haben Sie aber einen schönen Beruf, Sie haben es gut!" Ich spüre in dieser Antwort der Fragenden, daß sie intuitiv sofort erkannt haben, was wirklich den Beruf „so gut" macht: Eine schöpferische Tätigkeit, die Arbeit mit weichen Naturmaterialien, der Umgang mit Kindern und Erwachsenen, die ihrer Fantasie freien Lauf lassen wollen.
Ich darf mit Menschen arbeiten, die mit Offenheit und Spannung in meine Kurse kommen. Menschen, die, während sie ein Puppenkind herstellen, sich öffnen, erzählen und darüber hinaus auch neue Kontakte finden.
Das Puppenmachen hat mit Wärme zu tun, mit „Geborgen-seinwollen", mit der Sehnsucht nach dem Kind und den guten Wünschen für das Kind.
Einmal erzählte mir eine junge Frau, die eine große, blonde Puppe fertiggestellt hatte, von ihrem „Traumbild". Das war ein blondes Mädchen, welches sie nicht austragen durfte. Nun hatte für sie der Wunsch, sich „entpuppen" zu können in ihrer eigenen Schöpfung Gestalt angenommen.
In meiner jahrzehntelangen Tätigkeit hatte ich viele erfreuliche, aber auch nachdenklich stimmende Erlebnisse, die alle unmittelbar mit der Stoffpuppe zusammenhingen.
Als ich für meine eigenen Kinder die ersten Stoffpuppen gefertigt hatte, empfand ich tiefe Freude und Genugtuung an dieser Arbeit. Gelernt hatte ich es von meiner Werklehrerin, der hannoverschen Waldorflehrerin Lotte Bosse. Sie hatte Anfang der 50er Jahre die Technik des Abbindens am Kopf entwickelt und somit der Stoffpuppe zu einem liebenswerten und schönen Ausdruck verholfen. Einige Zeit konnte ich mit ihr zusammenarbeiten. Seit 20 Jahren gebe ich nun Kurse und konnte während dieser Zeit die Puppen weiterentwickeln.
Die individuell hergestellte Puppe, die Väter oder Mütter arbeiten bzw. die Geschöpfe eines Puppenmachers sind in ihrer Echtheit für das Kind von ganz anderer Bedeutung als industriell hergestellte Stoffpuppen. In sie fließen beim Arbeiten, die guten Gedanken, Wünsche und Empfindungen mit hinein.
Das Sammeln von Puppen ist weit verbreitet. Jedoch handelt es sich dabei vorwiegend um Dekorationsstücke wie Porzellanpuppen.
Mein Anliegen ist es, Puppen für Kinder zu machen, die durchlässig, warm und begreifbar sind. Darüber hinaus sind sie waschbar und auch für Kleinkinder geeignet.
Ich bin froh, daß in unserer Zeit, die Stoffpuppe wieder eine so große Verbreitung gefunden hat und, daß junge Eltern immer mehr den Wert dieser „Spielgefährten" für ihre Jungen und Mädchen erkennen.
In diesem Buch möchte ich Ihnen einige meiner Puppenkinder vorstellen, die alle im Jahr 1987 „geboren" wurden. Gute und geschickte Freundinnen halfen mir beim Ankleiden der Puppen. Eine junge Fotografin mit viel Einfühlungsvermögen stellte die Unterschiedlichkeiten im Ausdruck sichtbar heraus.

Viel Freude beim Puppenmachen wünscht Ihnen

Sunnhild Reinckens

Die Herstellung einer Puppe am Beispiel einer Babypuppe von Kopf bis Fuß

Im folgenden beschreibe ich die Herstellung einer Babypuppe. Alle weiteren Modelle sind in der Grundform der Babypuppe nachempfunden. Sie lassen sich durch unterschiedliche Größe, abgewandelte Schnitte, andere Haarfrisuren, Kleidung und auch Hautfarbe verändern. So entstehen immer wieder Puppenkinder, die trotz gleicher Machart individuell verschieden sind. Auch das Anmalen trägt entscheidend dazu bei. Hinzu kommt ohnehin die eigene Handschrift des Produzenten.
Auch werden Sie feststellen, daß Ihre Puppen immer ein wenig Ihnen selber gleichen und etwas von Ihnen widerspiegeln.
So können die hier vorgestellten Modelle nur der Erläuterung und als Anregung dienen.

Material und Werkzeug für die Fertigung
Schafwolle oder Mischwolle zum Ausstopfen, hautfarbener fester Trikot für den Körper, weicher Trikot für das Gesicht, Schlauchverband (führe ich passend zu jeder Puppe in den einzelnen Kapiteln auf) hier Größe 10, reißfestes Garn, gute Mohairwolle, Nähzeug (vor allen Dingen lange, spitze Stopfnadeln), Schneidemesser, Fellreste, Weißleim, Stoffarbe und Redisfedern.

Was *ich* noch benötige, sind Fantasie, Geschick und eine Vorstellung vom Menschen – vom kleinen Kind. Die Puppe soll auf keinen Fall durch verzerrtes oder übersteigertes Aussehen zur Karikatur werden – sie soll ein Abbild des Menschen sein.

Proportionen

Kinder haben ein feines Empfinden für Farben und Proportionen. Ihren natürlichen Bedürfnissen nach Wärme und Zuneigung kommt daher das anschmiegsame weiche Naturmaterial in seiner Eigenart entgegen. Durch Gestalt und Ausdruck der Puppe entwickeln Kinder ihre eigene Beziehung zur Puppe. Somit ist die Kopfgröße einer Puppe immer der Ausgangspunkt für die Proportionen der ganzen Puppe.
Die Herstellung des Kopfes durch den Schlauchverband (der normalerweise für medizinische Zwecke gedacht ist) vereinfacht mir den Vorgang. Nun kann ich Schnitte zu den entsprechenden Schlauchgrößen (1, 3, 6 , 8, 10, 12) vorbereiten. Früher haben wir Unterwäsche zerschnitten, um daraus Köpfe zu formen, die oft unförmiger wurden, als wir sie uns vorgestellt hatten. Grundsätzlich gilt für das Maß einer Kleinkindpuppe das Verhältnis:

Kopf 1
Rumpf 1,5
Beine 1,5

Bei größeren Puppen verändert sich das Verhältnis Rumpf zum Kopf. Je älter das Puppenkind erscheinen soll, desto kleiner muß der Kopf im Verhältnis zum Gesamtkörper sein.
Arme und Hände zusammen sind ungefähr so lang wie die Beine ab Schritt. Deshalb sollten Arme und Hände möglichst immer bis zum Oberschenkel reichen. Bei der Kleinkind- oder Babypuppe sind sie aber bedeutend kürzer. Werden die Arme hochgenommen, reichen sie nur knapp bis zur Oberkante des Kopfes. Die Schulkindpuppe hingegen greift mit ihren Händen über den Mittelscheitel, wie es die Zeichnung auf Seite 12 zeigt.

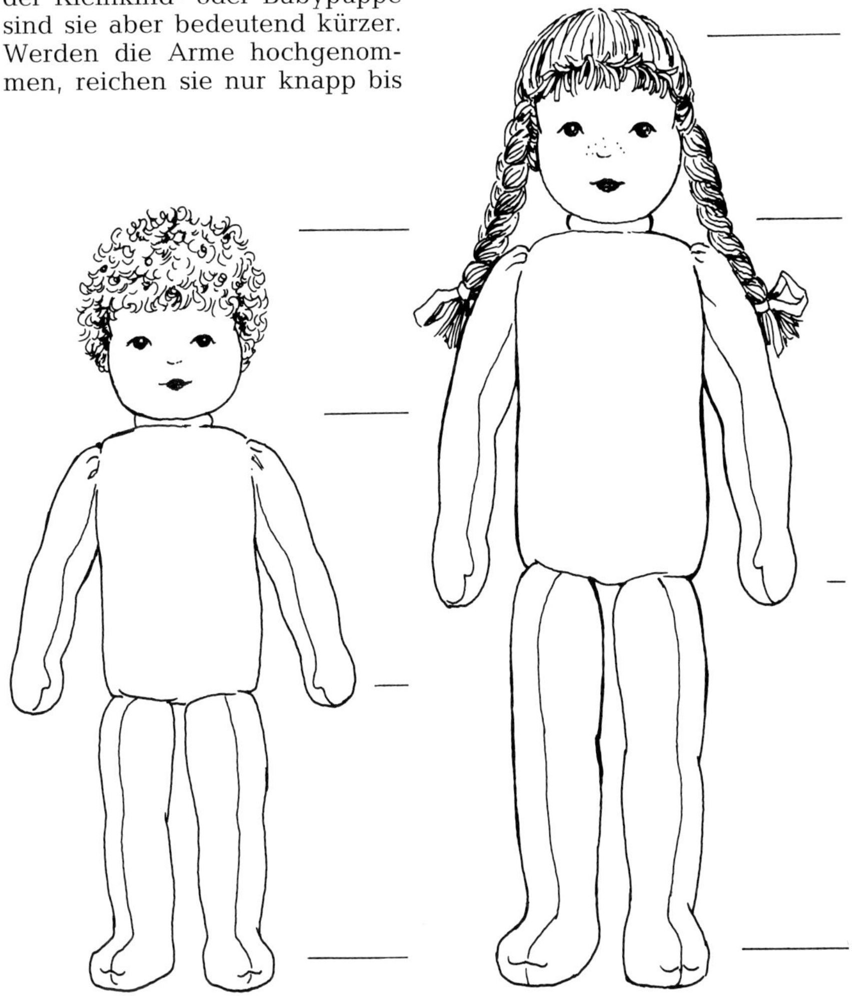

Die gehobenen Arme der beiden Puppen verdeutlichen den „Altersunterschied“ und die so bedingten Proportionen.

Das große und das kleine Baby

Hier zeigt sich die Vielfalt meiner Babypuppen in Form von zwei weiteren Größen (Schlauchgröße 6 und 8), die nach gleicher Methode gearbeitet wurden. Beide Frisuren (s. Seite 24) sind mit einem Spannstich gestickt. Bei der größeren Puppe wurden die Mohairhaare mit einer Bürste bearbeitet, so daß bei gleichem Werkstoff und gleicher Machart verschiedene Frisuren entstanden.

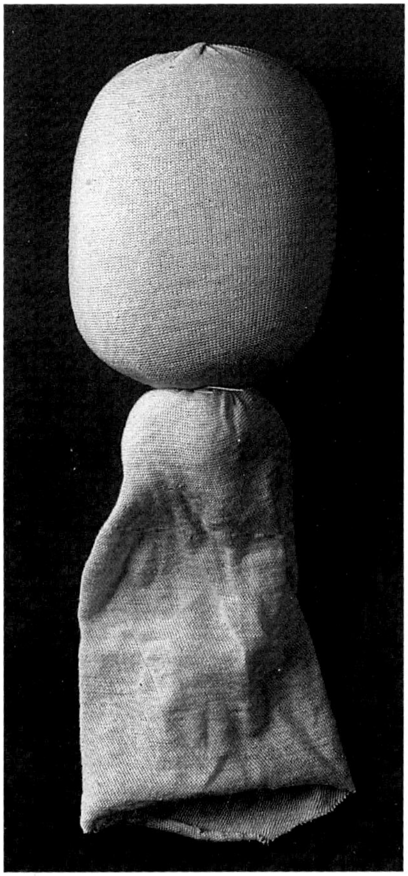

Der Kopf

Die Puppenherstellung beginnt mit dem Kopf. Kopf und Rumpf bilden bei der Stoffpuppe immer eine organische Einheit. Deshalb muß der Schlauch auch so bemessen werden, daß das obere Drittel zum Füllen für die Kopfform genommen wird. Der Rest des Schlauches verbleibt für den Rumpf.

Ein Schlauch (35 cm lang und 10 cm breit) wird am oberen Ende mit einem festen Faden mehrere Male umwickelt, abgebunden und gewendet.

Das obere Drittel wird mit Wolle ausgestopft (ca. 150 gr.) bis ein runder, fester Ball entsteht. Dieser darf auf keinen Fall zu hart sein. Er wird mit einem zweiten Faden fest abgebunden, wobei genügend Wolle im Hals verbleiben muß. Der Hals ist das Bindeglied zwischen Kopf und Bauch und wenn hier Wolle fehlt, wird die Puppe später einen wackeligen Kopf bekommen. Deshalb ist es also unbedingt nötig, immer auf genügend Wolle im Hals zu achten.

Die Kopfform

Nun drücke ich diesen nicht zu festen Ball mit meinen Händen so, als ob ich ihm schon die Form, die er durch das Abbinden bekommen soll, hineinmodelliere. Eine Vertiefung in der horizontal verlaufenden Mitte wird sichtbar, und in meiner Vorstellung sehe ich schon die runde, hohe Stirn und die Bäckchen sowie den schmalen Hinterkopf.

Jetzt nehme ich einen sehr langen, (ca. 2 m) festen Faden und lege ihn um diese Vertiefung, die „Augenlinie". Den Faden führe ich dreimal fest um die Augenlinie und verknote ihn in der Höhe der Ohren. Bei Babyköpfen kann der „Augenfaden" etwas unterhalb der Mitte verlaufen und abgebunden werden. Die vorgewölbte hohe Stirn wird so besser betont. Nun arbeite ich Wangen und Kinn heraus.

Jetzt lege ich einen Faden seitwärts, also vertikal, um das Gesicht herum, ziehe fest und wiederhole den Vorgang zwei- bis dreimal und schließe durch Verknoten ab. An beiden Seiten, an denen die Fäden sich verkreuzt haben, wird mehrmals ein Befestigungsstich angebracht und der Hinterkopffaden nach unten ins Genick gezogen. Im Profil ist nun die Grundform des Kopfes mit Stirn, Bäckchen, Kinn und Hinterkopf zu sehen.

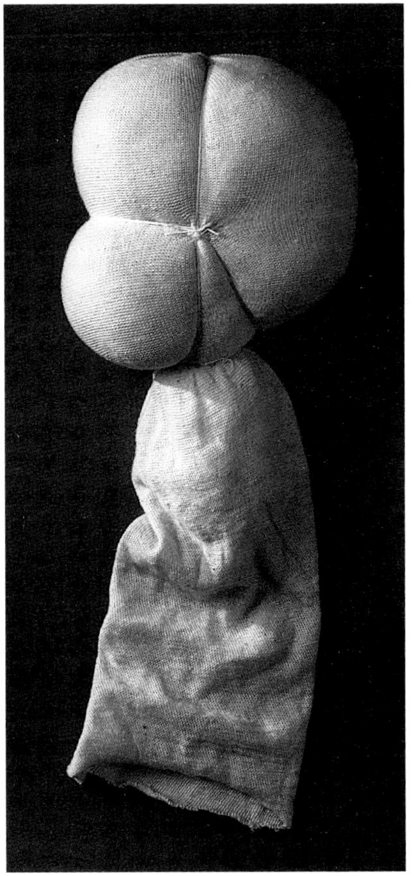

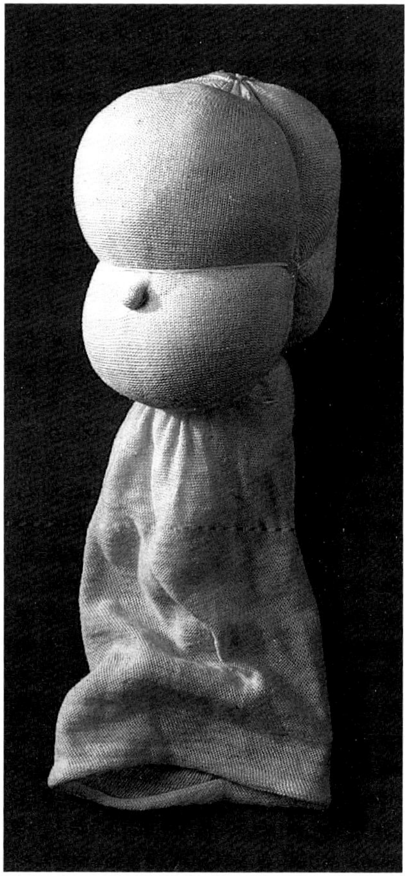

Die Nase

Nun kann die „Haut", der Trikot über das Gesicht gespannt werden. Die Waldorfpädagogik begnügt sich mit der schlichten Form der Kopfgestaltung, damit viel Raum für die Vorstellungskraft des Kindes bleibt. Puppen, die ich speziell für Kleinkinder anfertige, belasse ich auch in dieser einfachen Form. Allerdings habe ich auf Wunsch vieler Mütter, deren größere Kinder oft die Nasen vermißten, angefangen, kleine Nasen zu formen. Diese bringen nur einen Nachteil: Sie nehmen den Schmutz schnell an. Ein Gesicht kann auch, wenn die Nase zu groß, zu klein oder falsch plaziert ist, den kindlichen Ausdruck einer Puppe völlig verfehlen.

Ich entscheide mich bei dieser Babypuppe für eine kleine „Stupsnase". Vier bis fünf Trikotmaschen unter dem Augenfaden wird ein wenig Wolle vorsichtig mit der Stopfnadel modelliert. Dafür stecke ich diese an der besagten Stelle in den Kopf und verdichte die Füllung zu einem „stupsnasigen" Wollhügel, der mit einem Faden an der unteren Hälfte mehrere Male umnäht wird. Anschließend wird ein rechteckig geschnittener Trikotlappen, je nach Kopfgröße, sehr stramm über das Gesicht gespannt, mit Stecknadeln fixiert und am oberen Kopf über den Hinterkopf bis zum Nacken festgenäht. Das Ende des Fadens wickele ich mehrmals um den Hals und achte darauf, daß sich keine Stoffalten bilden, die der Puppe sonst ein „älteres" Aussehen verleihen.

Das Baby im alten Taufkleid

Mütter wollen oft weiche und lebensgroße Babypuppen für das ältere Kind arbeiten, die die Kleidung des Säuglings tragen können.

Herstellung

Das lebensgroße Baby hat einen Kopfumfang von 40 cm und eine Länge von 55 cm. Der Kopf wurde aus einer 12 cm breiten Schlauchbinde gearbeitet und der Schnitt entsprechend des Kopfumfanges vergrößert. Die Lockenfellperücke ist besonders weich. Sie kann auch gekämmt werden.

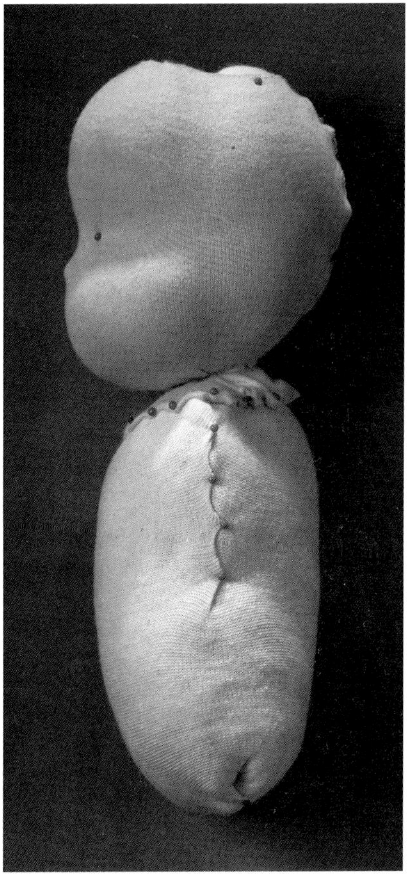

Rumpf

Im nächsten Arbeitsschritt fülle ich den Rumpf prall und gleichmäßig mit Schafwolle. Danach wird er nach eineinhalb Kopflängen eingeschlagen und zugenäht. Die Seiten des Rumpfes drücke ich rechts und links bis zur Schulterhöhe ein und begradige sie durch Einnähen (Innenfurche). Die Wolle wird beim Drücken nach oben geschoben, die Brust festigt sich und es entstehen Schultern.

Den Rest des Gesichtstrikots ziehe ich über die Schultern und nähe ihn mit kräftigen Stichen in oberer Brusthöhe an. Dadurch sitzt der Kopf nun endgültig auf den Schultern.

Der Po

Den Po forme ich, indem ich unterhalb der Taille horizontal einen Faden stramm ziehe und hinten vernähe. Von da aus führe ich den Faden stramm gezogen vertikal durch die Mitte des unteren Rumpfbereiches bis zum Schritt. Dort vernähe ich ihn und führe ihn zurück zum Anfangspunkt, wo ich ihn fest vernähe. Gegebenenfalls kann ich aber auch „Polster" rechts und links aufnähen, bzw. später den Trikotkörper an dieser Stelle nachstopfen. Hierdurch entsteht bei der Puppe eine bessere Sitzfläche.

Es ist wichtig, daß jede Puppe diese „Mitte", „das Rückgrat" erhält. Kopf und Rumpf bilden immer eine Einheit. Sie sind in ihrer Form und Festigkeit für das Gelingen der Puppe ausschlaggebend.

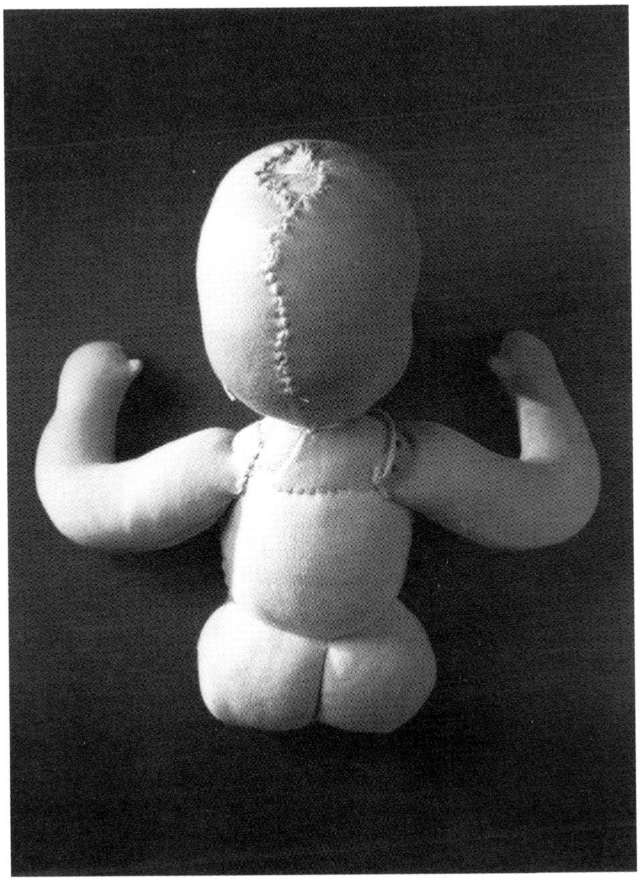

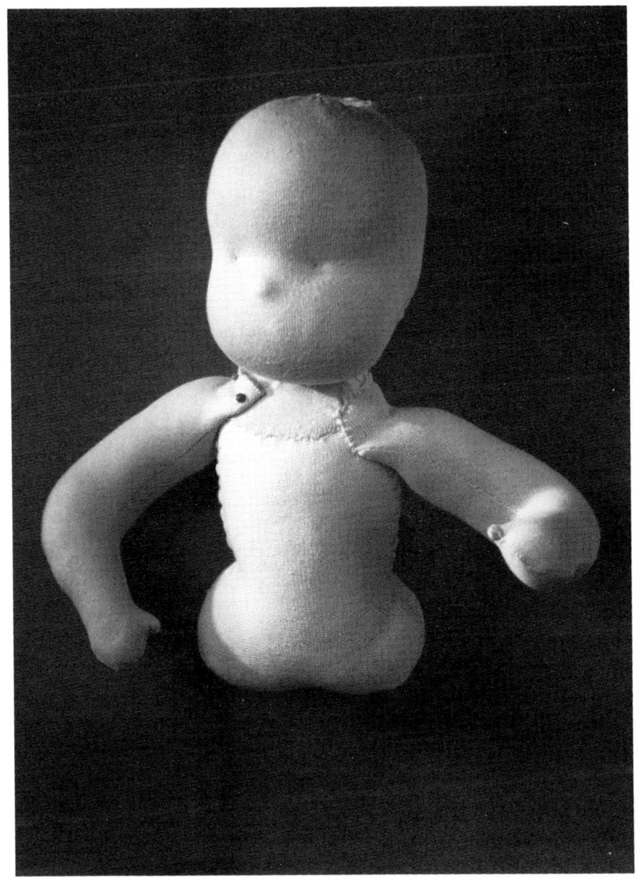

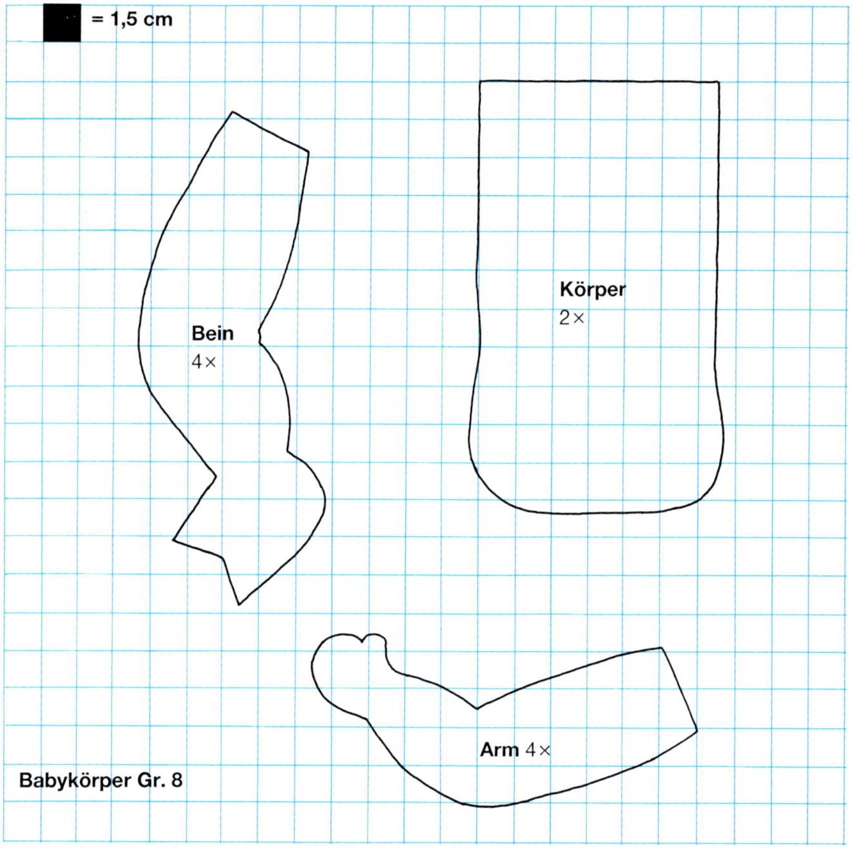

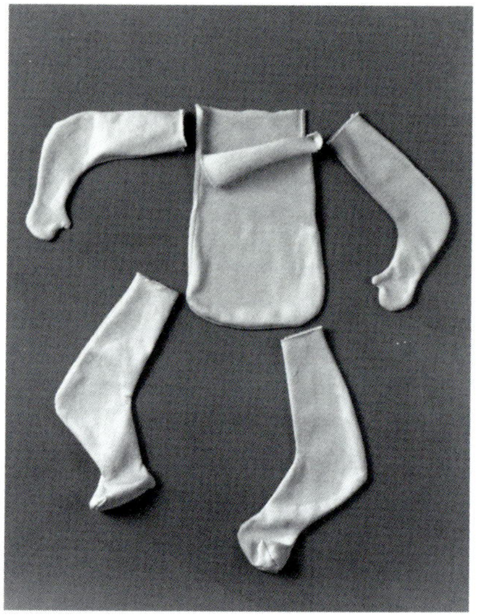

Die Gliedmaßen

Für das Baby habe ich einen Schnitt entwickelt mit angewinkelten Armen und Beinen sowie einer Körperhülle, die genau über den ausgestopften Rumpf paßt. Zuerst stopfe ich nun die fertig genähten und gewendeten Babyarme aus und nähe sie flach auf der Schulter an, so daß sie nach oben und unten etwas beweglich bleiben. Dann wird die Körperhülle über Po und Rumpf bis zum Hals emporgezogen. Dabei können eventuelle Unebenheiten mit Wolle ausgeglichen oder Körperformbetonungen ergänzend vorgenommen werden. Die seitliche Öffnung des Körperüberzuges wird an den Armansätzen vorbei gelegt und auf der Schulter eingeschlagen, wobei darauf zu achten ist, daß die Arme locker heraushängen. Mit kleinen Stichen wird die Naht geschlossen und ein Streifen Trikot als Hals angebracht. Dies ist eine weitere Möglichkeit der „Halssicherung". Nun fehlen noch die Beine. Nachdem ich sie gefüllt und quer zusammengenäht habe, nähe ich sie seitlich oberhalb der Ponaht von beiden Seiten gut an. Fast ist die Babypuppe nun fertig. Es fehlt nun noch die Gesichtsgestaltung.

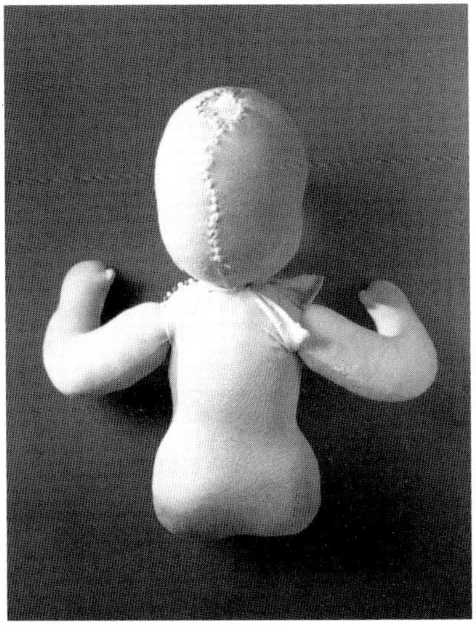

Der Körperanzug ist über den Rumpf gezogen, die rechte obere Schulter muß noch eingeschlagen und vernäht werden.

Diese Abbildung zeigt, wie der Arm an der Schulter befestigt ist.

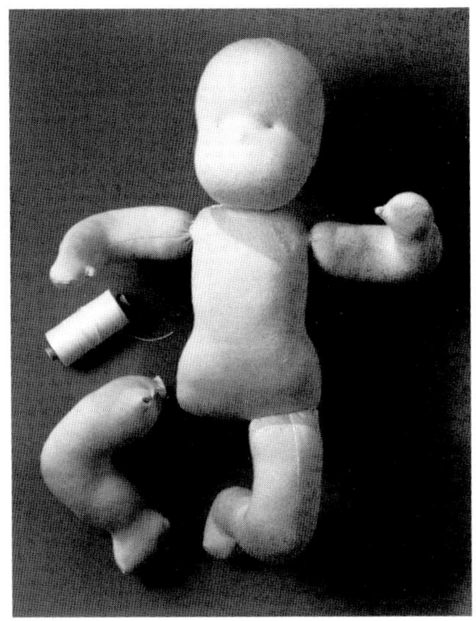

Hier wird demonstriert, wie die Beine an den Rumpf genäht werden.

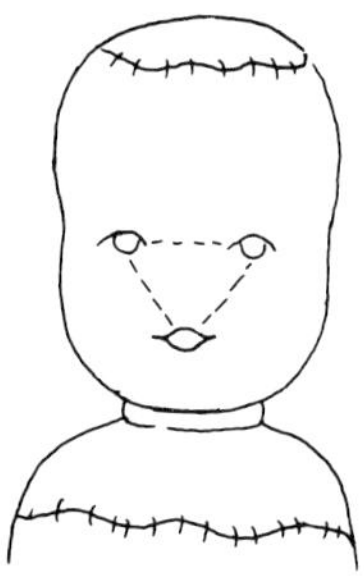

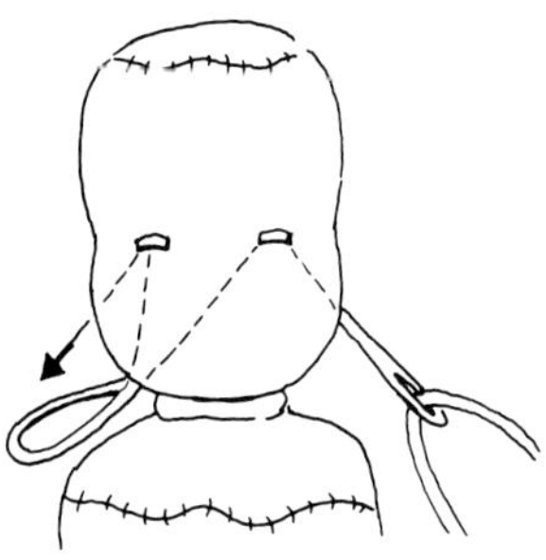

Die Augenhöhlen
Die Augenhöhlen lege ich erst jetzt, also nach dem Überziehen des Gesichts und dem Fertigstellen des Körpers an, um aus der Gesamtsicht der Puppe ihr späteres Aussehen zu bestimmen.
Hierbei muß ich mir vorher schon über die Lage der Augen klar sein. Ein einfaches Schema bietet die Geometrie, genauer das gleichschenklige Dreieck: Augen- und Mundmitte sind voneinander gleich weit entfernt. Wenn die Lage bestimmt ist, gestalte ich die Augenhöhlen. Ich fixiere in der Augenlinie mit zwei Stecknadeln die Lage der Augenmittelpunkte. Sie liegen rechts und links der Nasenwurzel. Ich ziehe mit einer sehr langen spitzen Nadel einen Faden, der gut an der rechten hinteren Kopfhälfte vernäht ist, schräg durch den Kopf zum rechten Auge und steche ca. 0,5 cm neben der Nase wieder ein. Ich ziehe den Faden an und komme mit der Nadel auf der gegenüberliegenden Seite heraus. Von dort gehe ich mit dem Faden zum anderen Auge, ziehe wieder eine Vertiefung hinein und komme dann mit dem Faden auf der gleichen Wangenseite heraus. Der „Augenfaden" muß sehr gut vernäht werden, denn er ist entscheidend für das Aussehen des Puppengesichtes. Sollte sich der Faden lösen, wird die Vertiefung wieder ausgewölbt und die Puppe bekommt einen ganz anderen Gesichtsausdruck.

Die kleinen Zwillinge

Klein und handlich, 15 cm groß, mit winzigen Nasen und weichem Trikotkörper, erfreut dieses hübsche Pärchen kleine und große Leute.

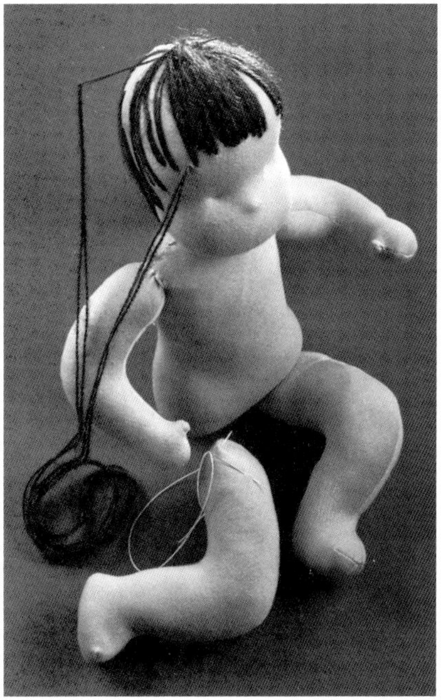

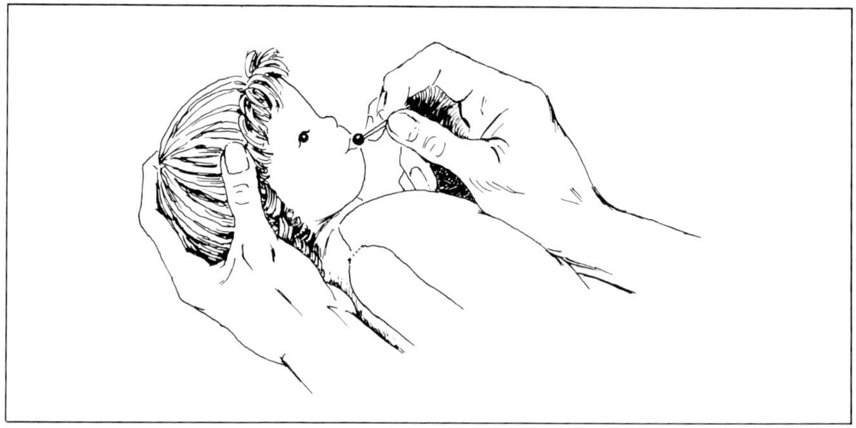

Die Frisur
Zart zeichne ich mir mit Bleistift eine Markierung auf dem Babyköpfchen vor für den Spannstich, der nun folgt.
Mit weicher Mohairwolle sticke ich vom Scheitelpunkt aus mit teils längeren teils kürzeren Stichen die Grundfrisur. Eine lange, spitze Stopfnadel mit großem Öhr ist unbedingt erforderlich. Damit das „Haar" schön dicht wird, muß die Frisur in mehreren Schichten übereinander gestickt werden.
Man sollte unbedingt beachten, daß am Scheitelmittelpunkt nicht immer in die gleiche Stelle gestickt wird, um eine unschöne, hohe „Beule" zu vermeiden. Sticken Sie in die Lücken um den Mittelpunkt und bei den nächsten Runden nur in die Wolle.

Das Anmalen
Was jetzt kommt, ist für mich immer der schönste Augenblick. Durch das Anmalen bekommt die Puppe erst den für sie charakteristischen Ausdruck.
Ohne die vorher angelegte Frisur könnte ich kaum das Gesicht ausgestalten. So könnte ich mir gar nicht ohne Frisur die Gesamtwirkung einer Puppe vorstellen. Bei dieser schönen Arbeit brauche ich absolute Ruhe und Konzentration, die ich in den Morgenstunden finde. Das Gesicht soll freundlich, – es darf aber auch frechverschmitzt und fröhlich aussehen – vor allem bei den Puppen mit „modellierten" Gesichtern. Ein zu starkes Ausgestalten bei der Bemalung sollte vermieden werden; Zurückhaltung läßt später den Kindern mehr Raum für Einstimmung und Fantasie.
Zu der Ausgestaltung des Gesichts benötige ich nur Stoffarbe und Redisfeder. Damit male ich immer zuerst je einen Punkt in die Augenhöhlen, von dem aus ich das Auge erweitere: Ich ziehe den Lidstrich oberhalb des Augenpunktes beginnend rechts und links abwärts. Mit Weiß male ich die Augeneckpunkte aus und setze damit auch einen Lichtpunkt auf die Pupille. Die Farben mische ich manchmal direkt in der Augenhöhle.
Der Mund wird an der leicht markierten Stelle sehr zurückhaltend und zart aufgemalt. Das Ganze kann man auch stempelartig mit einem Stecknadelglaskopf machen. Mit der Nadelspitze lassen sich die Konturen verfeinern.

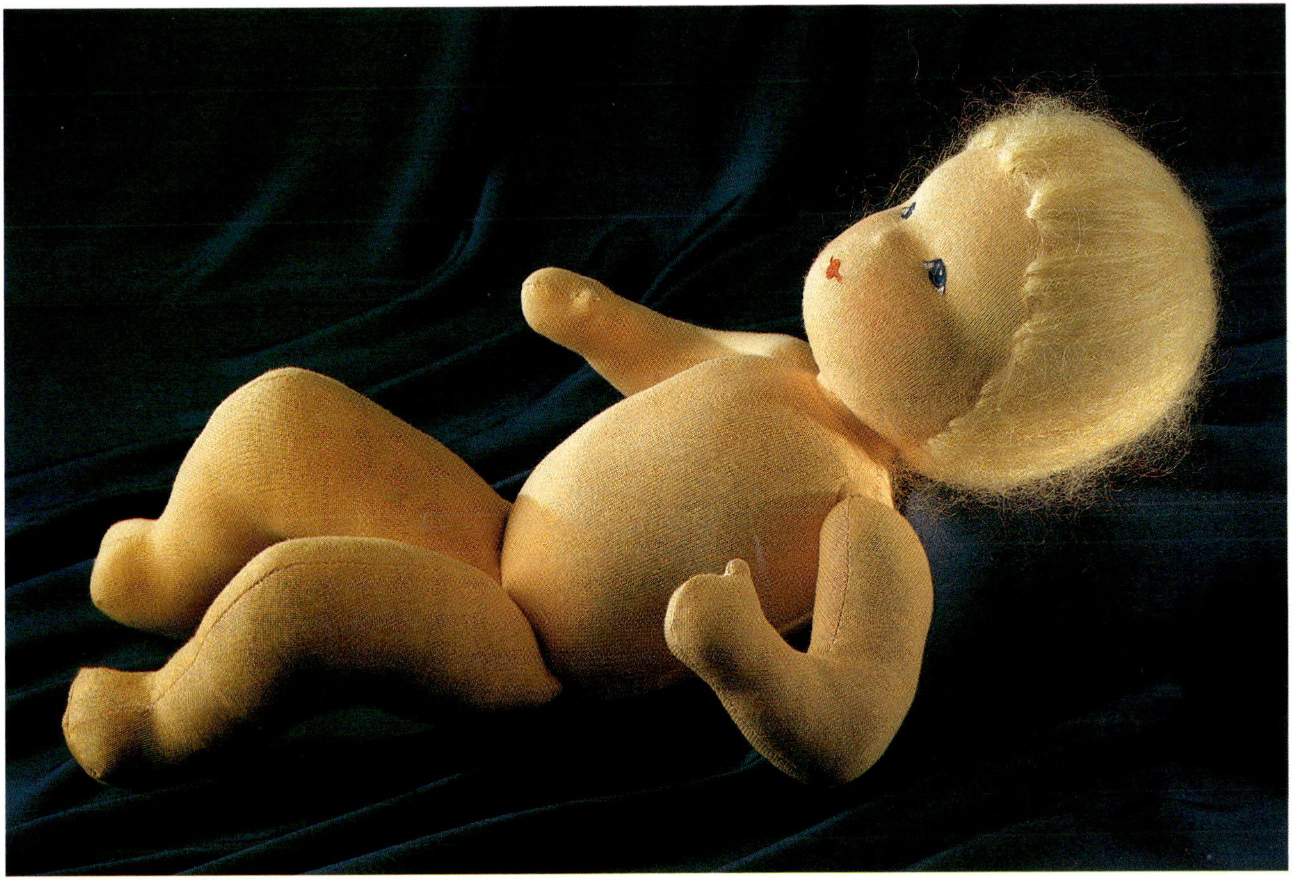

Sollten Sie sich anfangs nicht mit Stoffarbe an das Gesicht wagen, versuchen Sie es mit Buntstiften, oder sticken Sie Augen und Mund.
Mit der Gestaltung der Gesichtszüge verwirklichen Sie Ihre eigenen Vorstellungen in Ihrer Puppe. Sie ist dann Ihre ganz persönliche Schöpfung.
Damit ist nun das Puppenbaby fertig.

Die kuschelige Schlafsack-puppe

Die handliche Form der kleineren Puppe ist zum „Begreifen" für den neuen Erdenbürger gedacht. Weich und anschmiegsam liegt die Schlafsack- oder auch Kissenpuppe in den ersten Monaten beim Säugling im Bett. Aus praktischem waschbaren Baumwollsteppstoff lassen sich die Modelle in den verschiedensten Größen nähen und variieren. Oft ist diese Erstlingspuppe, auch wenn sie schon völlig „zerliebt – zerlumpt" ist, für das größer werdende Kind das liebste Spielzeug und „Tröster" aus der ersten Zeit.

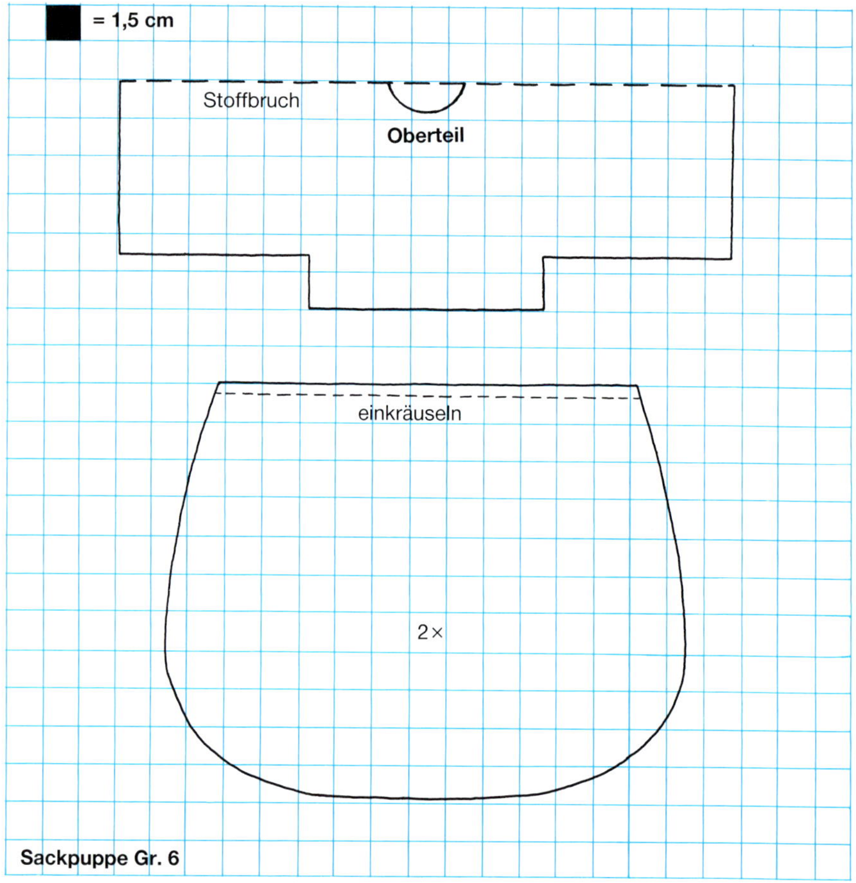

Herstellung

Ein Kopf, je nach erwünschter Größe der Puppe, wird aus einem 3 cm bzw. 6 cm breiten Schlauch gearbeitet. Das genähte Oberteil schneide ich im Halsbereich knapp ein, ziehe das Schlauchende vom Kopf hindurch und nähe es am Halsausschnitt fest. Jetzt einen schönen, festen Rumpf formen und zunähen. Anschließend das weich ausgestopfte Unterteil einkräuseln und in Höhe der Taille befestigen. Sollte kein Steppstoff genommen werden, empfiehlt es sich, ein 1 cm kleineres Inlett-Säckchen zu nähen und dieses dick mit Wolle zu füllen. Nun wird das Oberteil stramm heruntergezogen und mit Stecknadeln ans Unterteil zunächst geheftet, dann mit kleinen festen Stichen angenäht. Durch die Armöffnungen wird es mit Wolle ausgepolstert. Für die Hände zwei ca. 6 cm quadratische Trikotlappen mit Wolle füllen, abbinden und in den Armöffnungen annähen. Eine weitere Möglichkeit wäre, bei der größeren Puppe im Unterteil einen Reißverschluß einzunähen und in die weiche Wolle eine Spieluhr mit einem extra Säckchen einzulegen. Sie läßt sich dann leicht herausnehmen, wenn die Puppe gewaschen werden soll. Das Schutenmützchen ist bei dieser Puppe fest angenäht, nur ein kleiner Lockenkranz umrahmt das Gesicht.

Die geliebten kleinen Nickipuppen

Wenn ein Kind Ersatz sucht für eine „zerliebte" Nickipuppe und ihm in einem dieser kleinen Puppenläden ganz freie Wahl eingeräumt wird, ist interessant zu beobachten, was sich dabei abspielt: Das Kind nimmt jede einzelne Puppe in die Hand, drückt und befühlt Arme und Beine. Nach vielen Proben findet das Kind das Püppchen heraus, das in allem, auch mit den schlenkernden Gliedmaßen der „abgeliebten" Puppe am nächsten kommt. Ganz sicher spielt dabei auch die Optik eine Rolle, aber sicher nicht die erste. Diese Erfahrung sollte man beim Anfertigen einer Ersatzpuppe immer beachten.
Der Nickistoff ist unübertroffen zur Herstellung weicher Puppen für Kleinkinder. Diese Puppen lassen sich ebenfalls in allen Größen anfertigen (von 5 bis 20 cm groß) und durch unterschiedliche Haartrachten und mehr oder weniger Füllung typmäßig verändern.

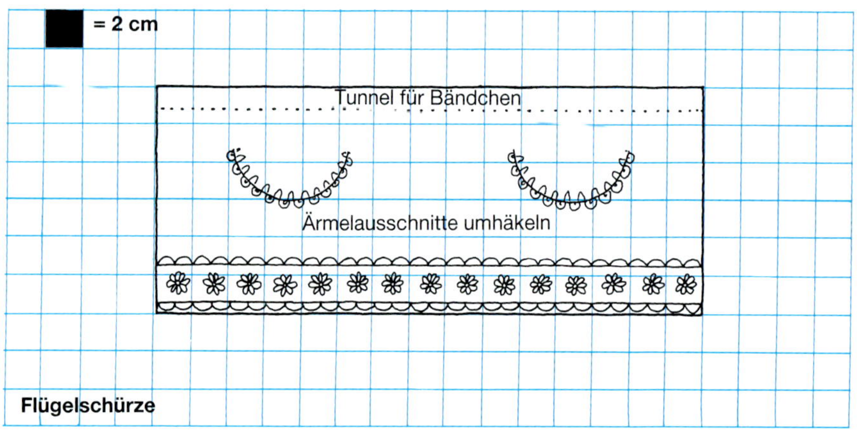

Herstellung
(Schlauch, Größe 3 cm und 20 cm lang, ca. 50 g Wolle)
Kopf und Rumpf bilden wieder eine Einheit (Rumpf = Kopf eineinhalbmal). Den genähten und bis zu den Beinen weich oder auch fest ausgestopften Anzug ziehe ich über den Rumpf, kräusele den Rand ein und nähe ihn gleichmäßig am Hals fest. Unter den Armen nähe ich mit unsichtbaren Stichen einen festen Faden als hochgezogene Taille durch und ziehe ihn etwas zusammen. Dadurch wird verhindert, daß die Arme steif und unbeweglich vom Körper abstehen.
Das Hinterteil kommt dadurch besser zur Geltung. Die runden Füße biege ich nach oben und nähe sie im Knick zusammen. Sie können das Nickipüppchen ganz nach Ihrem Geschmack abwandeln. Durch festeres oder sehr weiches Stopfen erhält es eine andere Funktion. Diese kleine Puppe ist inzwischen eine der beliebtesten und weitverbreitetsten Stoffpuppen geworden. Sie wird nicht nur von Kindern geliebt.

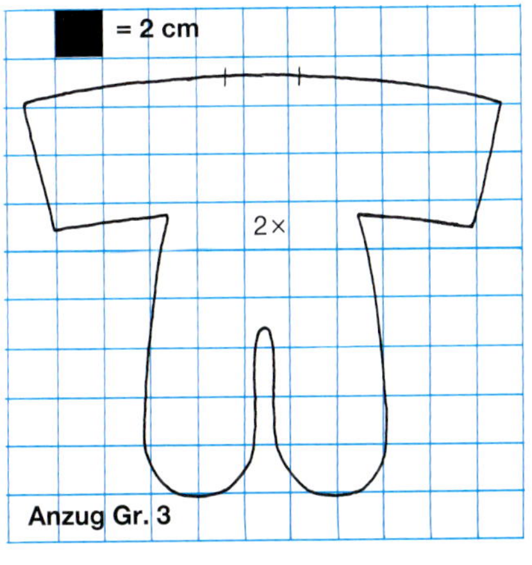

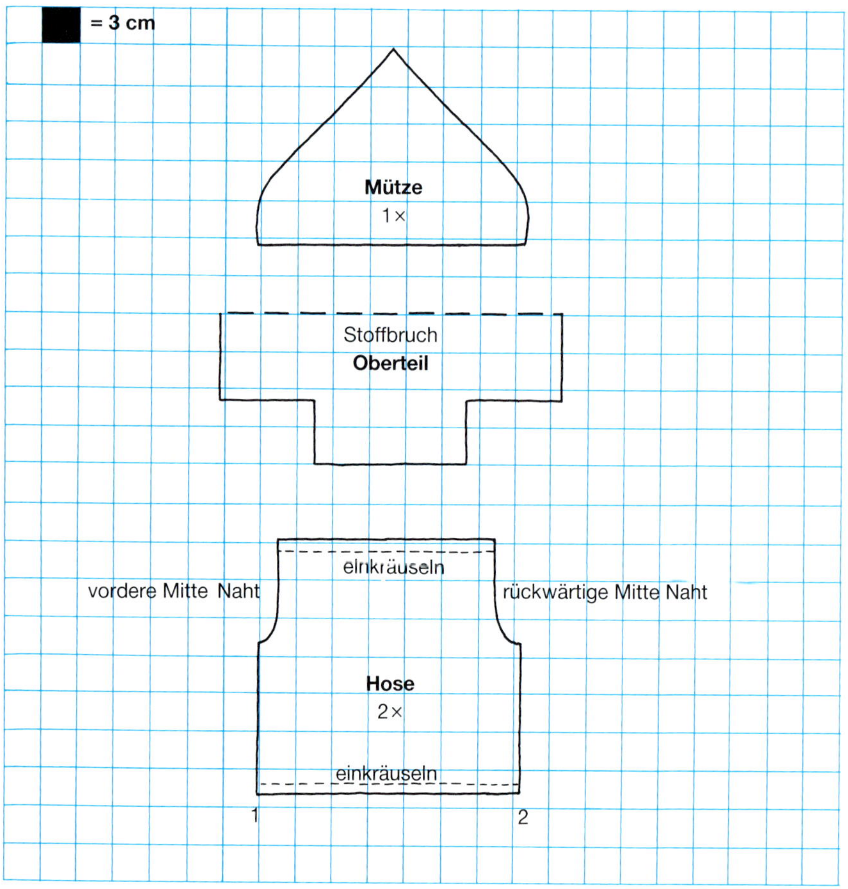

Das Schlumperle

Zusammen mit dem Korbwagen, den ein- bis zweijährige Kinder gern hinter sich herziehen, stelle ich Ihnen hier Schlumperle vor. Diese Puppen haben eine Zipfelmütze und sind sehr weich. Rund und ein wenig tolpatschig wirken sie mit pludriger dicker Hose wie die Kinder, für die sie gedacht sind.
Die Herstellung ist wie beim Sackpüppchen und der Cordpuppe, nur daß das Schlumperle nackte Füße bekommt, die am Beingummidurchzug angenäht werden. Das Oberteil im Halsbereich knapp einschneiden. Der Latz für die Hose ist 5 cm breit und 6 cm hoch, die Träger werden 3 cm breit und 13 cm lang zugeschnitten. Beinnähte 1 auf 2 treffend zusammennähen. Vordere und rückwärtige Naht schließen und Latzteil und Träger annähen.
Eine passende Zipfelmütze, unter der ein zarter Fellkranz hervorschaut, verleiht diesem Püppchen ein vergnügtes Aussehen.

Kleinkindpuppe aus Cord- oder Nickistoff

„Lotte" hieß die blonde Cordpuppe, die Tobias mit zwei Jahren bekam. Tobias war schwerkrank und mußte in den ersten Jahren seines Lebens häufig ins Krankenhaus. Lotte durfte ihn begleiten. Während der Narkose hielt er sie in der Hand und beim Aufwachen hatte er sie wieder. Da lag sie in der leuchtenden Lebensfarbe, und er nahm sie und drückte sie an sich. Lotte gibt es immer noch: sie war ja Tröster und Begleiter in einer schweren Zeit. So stark kann die Beziehung eines dreijährigen Jungen zu seiner Puppe sein.

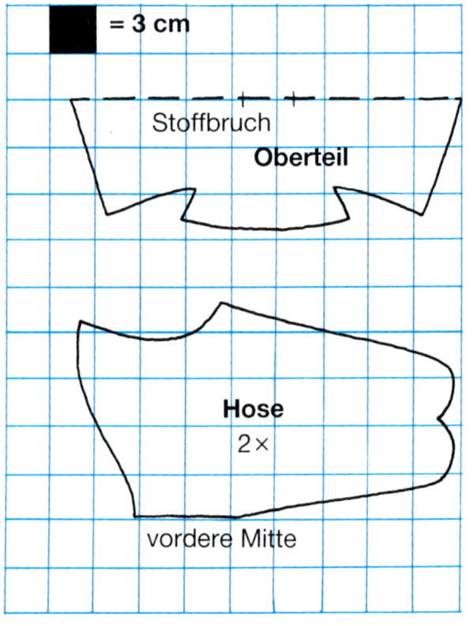

Herstellung
Wie bei der Sackpuppe wird erst der Kopf gearbeitet und das Oberteil am Hals befestigt. Dann wird der Po geformt und die Hose locker ausgestopft, am Bauch angekräuselt und festgenäht. Um das „Durchfusseln" der Schafwolle zu verhindern, empfiehlt es sich, zwei locker gestopfte Arme aus Trikot an der Schulter zu befestigen und am Handgelenk anzunähen. Für die Beine reichen zwei 3 cm breite gestopfte Trikotschläuche. Die Füße werden wieder wie bei der Nickipuppe hochgebogen und befestigt.

Die Anziehpuppe mit dem einteiligen Anzug und das Sticken der losen Kopfhaare

Sophie ist 35 cm groß, aus einem 8 cm breiten Schlauch gearbeitet, ohne Nase, schlicht angemalt und hat dicke blonde Zöpfe.
Anzug und Arme sind aus weichem Trikot genäht (siehe Zeichnung). Dieses ist ein Mehrfachschnitt, veränderbar für alle Größen. Der Stoff für den Körper kann auch aus T-Shirt- oder Wollstoffen genäht werden.

Herstellung
Einem gleichmäßig gefülltem Rumpf werden die Arme angenäht. Der Anzug wird zum Hals gezogen, eingeschlagen und auf Schulterhöhe sorgfältig befestigt. Der Schritt wird mit sehr kleinen Stichen abgesteppt, und die Füße werden im rechten Winkel hochgedrückt. Mit kleinen Stichen nähe ich sie im Knick an. Für alle Näharbeiten, die ich mit der Hand am Puppenkörper ausführe, benutze ich immer ein reißfestes Garn aus einer Leinen-Synthetik-Mischung.
Achten Sie darauf, daß Sie den Rumpf und die Arme immer in Fadenlauf nähen.

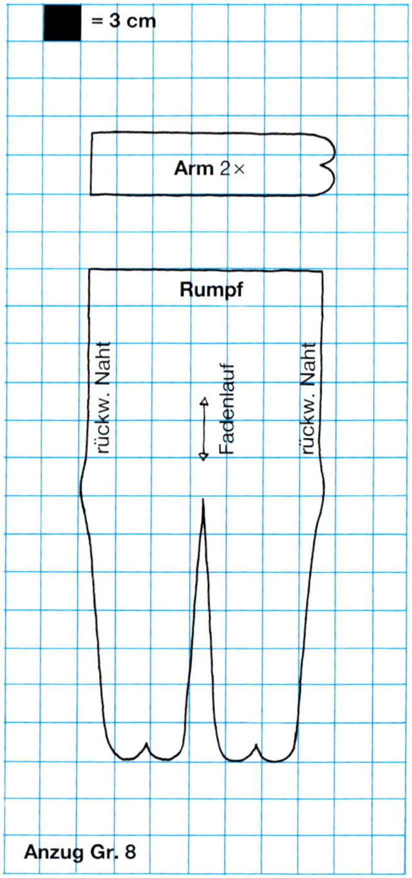

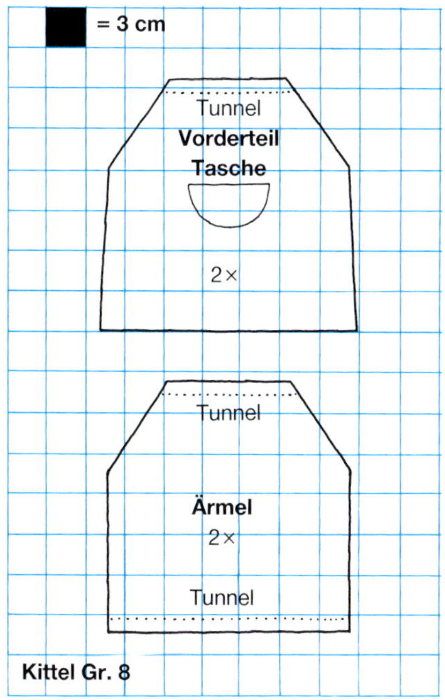
= 3 cm
Tunnel
Vorderteil
Tasche
2×
Tunnel
Ärmel
2×
Tunnel
Kittel Gr. 8

Die Frisur (siehe Abb. S. 37)
Sophies Zöpfe werden folgendermaßen gearbeitet: Zuerst gebe ich dem Kopf die Grundfrisur (s. Seite 24) und lasse dann bei der zweiten Runde immer Anfang und Ende des Wollfadens hängen. Somit „wachsen" diese Fäden fest aus dem Kopf heraus. Das ist aber noch nicht genug „Haar". Zwischen diese Fäden sticke ich mehrmals *lose Kopfhaare.* Mit einer spitzen, langen Wollnadel steche ich unterhalb der rechten Kopfhaarseite ein und komme mit der Nadel 1 cm höher wieder heraus. Danach drehe ich die Nadel mit der Spitze nach unten, steche etwas tiefer erneut ein und komme in der Mitte zwischen den Fäden wieder heraus. Diesen Rückstich wiederhole ich noch einmal. Dadurch wird der Faden von innen verknüpft und die Haare können sich auch dann nicht herauslösen, wenn die Frisur mit einer Bürste gekämmt wird.
Für alle offenen, hängenden Frisuren (Pagenkopf, Pony, Pferdeschwanz) verwende ich diesen Stich. Eine Variante mit Pferdeschwanz sehen Sie auf der Abbildung Seite 35.

Der robuste Begleiter oder das Sticken eines Strubbelkopfes

Die Erfahrung zeigt, daß Kinder ab etwa dem dritten Lebensjahr gerade diese Puppen besonders bevorzugen. Nicht nur das Aussehen und die Haartracht der Puppen entsprechen der Vorstellung der Kinder. Auch die Handlichkeit und die Tatsache, sie an- und ausziehen zu können, machen sie zum guten Begleiter durch ihre gesamte Kindheit. Sie sind aus festem Trikot gearbeitet. Der gerade Schnitt ihrer angesetzten Gliedmaßen gewährt eine hohe Beweglichkeit. Spezielles Material und präzise Verarbeitung fördern die Haltbarkeit dieser Modelle. Die abgebildeten Anziehpuppen sind 40 cm groß und haben eine kleine herausmodellierte Nase.
Toni und Rike nenne ich diese beiden. Die Herstellung von Tonis Strubbelkopf ist ziemlich zeitaufwendig. Dem Ungeduldigen sei aber gesagt, daß sich diese

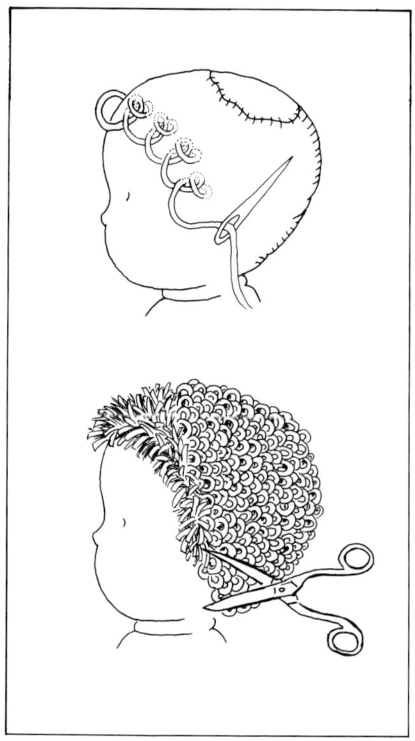

Arbeit lohnt. Die Beziehung zu Ihrer Puppe bekommt in Ihrer Wertschätzung andere Dimensionen.
Die Haare sticke ich folgendermaßen: Ich zeichne am Haaransatz eine Bleistiftlinie vor und sticke auf diesem Rand mit möglichst glatter Wolle eine Schlaufe nach der anderen spiralförmig von außen nach innen. Nach jedem Einstich werden die Schlaufen mit einem Querstich befestigt. Sie müssen sehr eng nebeneinander gesetzt werden. Runde um Runde folgt, bis die letzte enge Runde kommt und ich aufatmend nach drei bis vier Stunden die Nadel fortlege. Nun schneide ich jede einzelne Schlinge auf, dämpfe sie noch über Wasserdampf und stutze sie auf eine gleichmäßige Länge zurecht. Diese letzte Friseurarbeit macht mir natürlich am meisten Spaß.

Die nackte Anziehpuppe oder wie sticke ich einen Mittelscheitel

Sie können auf der Abbildung Seite 9 sehr genau erkennen, wie Tine zusammengesetzt und genäht wurde. Diesen Schnitt können Sie verkleinern oder auch entsprechend vergrößern, je nachdem, ob es sich um die kleinen oder großen Puppen in den folgenden Kapiteln handelt.
Für Tine brauchen Sie Schlauchgröße 10.
Hier habe ich Haare gestickt, die nicht vom Scheitelpunkt ausgehen, sondern knapp über dem Ohr beginnen. Zuerst sticke ich mir ein „Haar-Gerüst", indem ich immer in Höhe des Seitenpunktes im Bereich der Schläfen anfange (aber nicht in die gleiche Stelle stechen) und die Fäden zum Mittelscheitel hin spanne. Dieses wiederhole ich auf beiden Seiten und achte darauf, daß der Mittelscheitel (der vorher leicht mit einem Bleistift angedeutet wurde) möglichst gerade und gleichmäßig verläuft. Anfang und Ende der Wollfäden bleiben am Ausgangspunkt hängen.
Nachdem ich mir diese Richtung gegeben habe und weiß, welchen Verlauf die Haare jetzt nehmen, fülle ich die vorhandenen Lücken aus. Das wiederhole ich mehrere Male. Dadurch, daß immer wieder die langen Endfäden hängenbleiben, entsteht auf beiden Seiten ein dicker Zopf, mit dem man beliebige Frisuren flechten kann. Die Puppe Tine trägt ihr Haar hier offen.

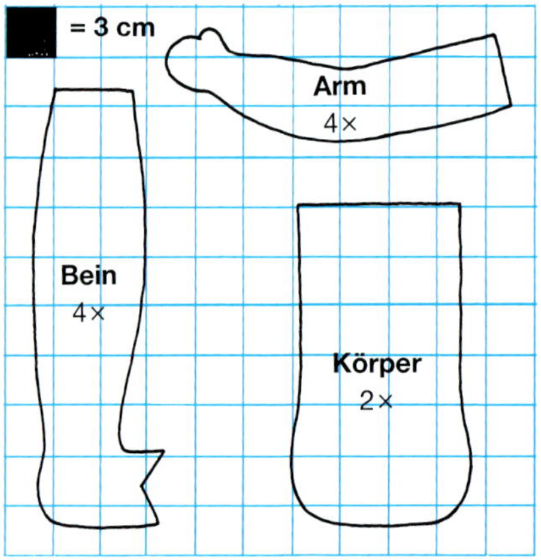

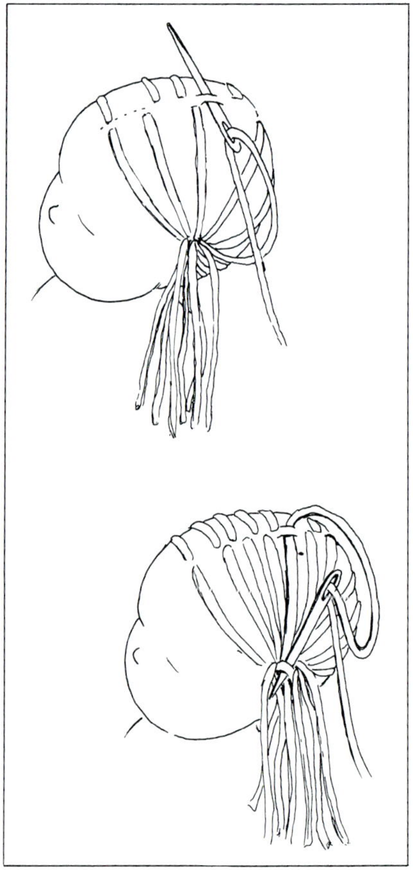

Kopfüber hängt vergnügt am Reck ein Puppenkind verschmitzt und keck . . .

Die kleine Turnerin oder wie modelliere ich ein Gesicht

Um einen besonderen Gesichtsausdruck bei einem Puppentyp zu kreieren, arbeite ich mit Nadel und Faden die Gesichtszüge aus.

Herstellung
Ein Kopf aus 6 cm breiter Schlauchbinde wird nicht zu fest ausgestopft. Nachdem dann die Grundform abgebunden ist, arbeite ich ein rundes Näschen heraus (s. Seite 16). Mit einer sehr langen, spitzen und dünnen Nadel steche ich neben dem rechten Nasenflügel ein, komme am linken Nasenflügel heraus und lege den Faden bogenförmig am Mundwinkel vorbei nach hinten. Hier vernähe ich den Faden am späteren Haaransatz. Durch die Spannung des Fadens ist die eine Form der Wange ausgebildet. Ich gehe mit dem Faden dieselbe Furche zurück zum Ausgangspunkt (Nase), steche hindurch und lege den Bogen auf der anderen Wangenseite genauso stramm an. So entsteht die zweite Wange. Vorsichtig lockere ich mit der Nadel die Bäckchen, indem ich mit der Nadelspitze unterhalb des Trikots die Wolle anhebe. Jetzt markiere ich mit einem weichen Bleistift die Mundform.

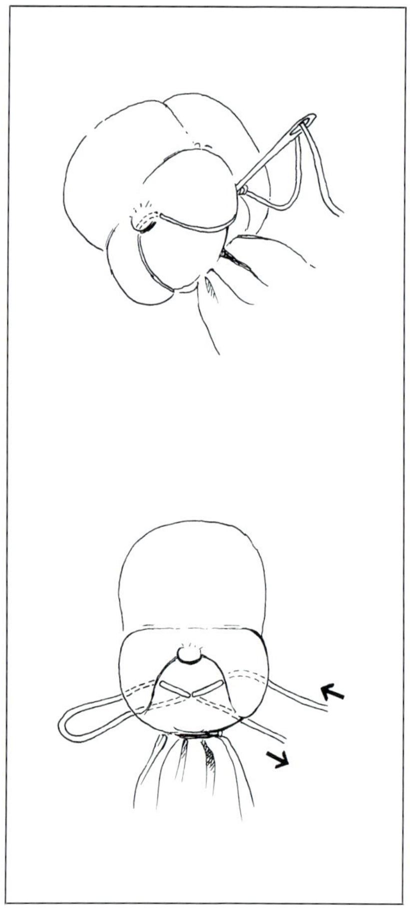

Zur Formung des Mundes führe ich einen zweiten Faden vom Hinterkopf zum rechten Mundwinkel und spanne ihn bis zur Mitte des Mundes, steche hinein und komme auf der gegenüberliegenden Seite wieder heraus. Dieses wiederhole ich für die zweite Mundhälfte ebenso. Der Mund sieht jetzt wie ein eingezogenes Dreieck aus. Die Lippenform kann ich in der entsprechenden Höhe durch „Anlupfen" der Wolle plastisch hervorheben. Sehr dünn streiche ich die Konturen mit Weißleim ein und ziehe den Trikot über das Gesicht. Die Konturen an Mund und Nase werden mit kleinen Stichen fixiert.
Versuchen Sie selbst einmal, durch diese Technik des Abnähens Ihren Puppen verschiedene Gesichter zu geben. Beim Ausprobieren werden Sie viele Variationsmöglichkeiten selbst entdecken und erstaunt sein, wie verschieden Ihre Puppen aussehen.

Die Puppe Max

Max hat große Pläne. Einige hat er schon verworfen.

Er hat ein modelliertes Gesicht, ist 50 cm groß und wurde genauso gearbeitet wie die Anziehpuppe Tine. Der weiche Wuschelkopf entstand aus Fellresten, die ihm ein natürliches Aussehen geben.

Wuschel und Zora gehen zur Schule oder wie eine Perücke gearbeitet wird

Die Gesichter unserer beiden Schulkinder sind auf die gleiche Art modelliert wie das der kleinen Turnerin. Hier ist durch Kleidung sowie Variation von Frisuren ein anderer Ausdruck erzielt. Der kleine Junge trägt eine Perücke aus Fell.

Herstellung
Jeweils dem Kopfumfang entsprechend fertige ich einen Papierschnitt an (siehe Zeichnung). Den Schnitt lege ich auf die Lederseite des ausgesuchten Felles und zeichne die Umrisse auf. Dann schneide ich die Form mit einem Skalpell oder einer Rasierklinge aus, beachtend, daß ich nur das Leder schneide und nicht die Haare.
Mit einer Ledernadel schließe ich die Naht bis zur Rundung. Diese wird eingekräuselt, zusammengezogen und zugenäht. Die Lederseite der Perücke streiche ich mit Weißleim ein und klebe sie am Kopf fest. Die Ränder werden notfalls mit einem scharfen Schneidemesser korrigiert, so daß die Fellhaare nicht zu sehr in die Stirn hängen. Nun nähe ich den Perückenrand rundherum am Kopf fest. Ich achte immer darauf, daß die Perücke fest am Kopf anliegt und das Fell wie eine natürliche Frisur fällt.

Schlafende Babys oder mit Sand gefüllte Körper

Da liegen zwei runde kleine Puppen in der typischen Babyhaltung schlafend auf dem Kissen. Nimmt die kleine Puppenmama eines ihrer Babies auf den Arm, läßt dieses benommen vom Tiefschlaf Arme und Beine entspannt sinken. Besonders die Schwere des schlafenden Kindes wird hier naturgetreu nachempfunden.
Hier habe ich in Kopf, Rumpf und Gliedmaßen feinen Seesand hineingearbeitet. Der Körperschnitt wurde dafür verkleinert angefertigt und mit Sand gefüllt. Darüber kam eine Lage Schafwolle und dann erst der Körperstoff. Die Gesichter bekamen einen träumenden Ausdruck.

Das Glockenkasperle und der Clown Beppo

Bunte Gesichter mit verschmitzter und fröhlich-fragender Miene verfolgen gespannt ihr Murmelspiel.

Herstellung
Beide sind in ähnlicher Art gearbeitet wie die Cordpuppe (Schlauchgröße 8). Unter Beppos Ärmeln sind locker gefüllte Arme angenäht. Unter der Hose sind Beine aus einem 3 cm breiten Schlauch befestigt, die ebenfalls weich mit Wolle gefüllt wurden. Erst darüber wird das Nickiober- und Nickiunterteil gezogen. So erreiche ich eine besonders schlenkernde Beweglichkeit. Bei der Kleidung des Clowns lassen Sie Ihrer Fantasie freien Lauf.

Die kleinen Clowns in der Manege

Der eine spielt verkehrte Welt, der andre seine Füße hält.

Einmal ungestraft übermütig, narrenfrei und albern sein dürfen, ist der Traum eines jeden Kindes. Die kindliche Fantasie schlüpft in das Trikot des Clowns und träumt fasziniert in der Manege des Circus Streiche und Späße.

Herstellung

Hier wird ein besonderes Gesicht modelliert. Den Trikot ziehe ich ganz über die Stirn, nachdem ich Nase und Mund mit Weißleim fein eingestrichen habe. Es genügt aber auch, bei diesen kleinen Clowns nur eine runde Nase zu arbeiten, ohne den Mund abzubinden. Diesen bemale ich dann rund und schlicht. Ich nehme für diese Puppe am liebsten Fellreste, die ich als Haarkranz zurechtschneide und am Hinterkopf befestige. Der Körper besteht wieder aus einem geraden Anzug, der passend zu einem Kopf (Schlauchgröße 3) gearbeitet wurde. Beim Anmalen der abgebundenen Gesichter zeichnen Sie bitte alles mit Bleistift vor.

Begegnung mit Puppenkindern aus fernen Ländern

Liebevoll legt die große Schwester den Arm um den kleinen asiatischen Jungen, der jetzt ihr Bruder ist.

Der kleine Indianer trägt die schönen Farben seiner Heimat. Durch Abbinden und Modellieren wurde ein typisches Indianergesicht gestaltet.

Der Körper der Inderin wurde aus einem dunkelbraunen Kinder-T-Shirt genäht, die Perücke aus ungesponnener, dunkler Schafwolle aufgenäht (s. Seite 56).

In unserer heutigen Zeit ist die Welt „kleiner" geworden – wir sind uns nähergekommen. Oft begegnen wir Menschen anderer Hautfarbe oder fahren selbst in ferne Länder. Wir kommen mit anderen Sitten und Gebräuchen in Berührung, die auch unsere Gewohnheiten und unsere Kultur beeinflussen.

Meine Kurse besuchen mitunter auch Frauen fremder Länder. Sie bringen ihre farbigen Vorstellungen zur Gestaltung der Puppen mit in meine Werkstatt. Zum Beispiel Shiwa, meine Freundin aus Eritrea. Um mir eine Freude zu machen, nähte sie mir ein afrikanisches Puppenkleid, so ähnlich wie sie es in ihrer Landestracht kennt: heller Untergrund, bunte Borten, Stickerei und viele Perlen. Da brauchte ich nur noch eine dunkelhäutige Puppe zu fertigen, mit großen Augen und vielen abstehenden Zöpfen. Ich dachte dabei an Selam, die kleine Tochter Shiwas.

Beim Betrachten der Abbildungen werden Sie bemerken, daß nicht nur die Hautfarbe und die Kleidung eine bestimmte Rasse kennzeichnen, sondern daß die Kopfform den jeweiligen Merkmalen entsprechend durch Abbinden angelegt und erreicht wurde.

Trikotstoff gibt es in den Hautfarben Braun und Weiß. Andere Hauttöne erreicht man durch Färben mit Batikfarbe.

Beim Anmalen ist zu beachten, daß bei schwarzen Puppen immer mehrmals weiß grundiert werden muß, bevor die Farbe für Augen und Mund aufgetragen wird.

Puppenkinder in Hessentracht

Diese Puppen sind von einer Mutter aus Hessen für ihre Tochter, die in Norddeutschland lebt, angezogen worden. Puppen, die in der liebevollen und detaillierten Ausgestaltung ein Stück Erinnerung an die Heimat ausdrücken.

Auf diesem Bild sind bewußt zwei gleichgestaltete Puppen gegenüber gesetzt. Beachten Sie: die Gesichter sind verschieden geformt.
Der kleine Lockenkopf links ist die Fortführung der Gesichtsausgestaltung, die sehr vorsichtig und einfühlsam durchgeführt werden muß. Bei zu starkem Durchformen verliert die Puppe den kindlichen Ausdruck.

Anna auf der Schaukel

Anna schaukelt fröhlich im Obstgarten. Sie ist 60 cm groß und kann Kinderkleidung tragen. Anna wiegt knapp vier Pfund. Ihre Proportionen sind naturgetreu nachempfunden (Beinlänge = zweieinhalbmal der Kopf). Der Kopf wurde aus 12 cm breitem Schlauch hergestellt. Mit dieser Puppe spielen besonders gern die größeren Kinder.

Bewegliche Puppen

Dieses Thema soll eine Anregung sein, aus den verschiedenen Möglichkeiten der Puppenherstellung auch Märchen- und Fabelwesen frei nach Fantasie entstehen zu lassen.
Schneewittchen kam, wie das Märchen berichtet, mit sieben Jahren in den Wald zu den sieben Zwergen und lebte und arbeitete bei ihnen. Das fasziniert und ergreift auch heute noch unsere Kinder.
Diese Puppen habe ich mir nicht nur für einzelne Kinder, sondern auch zum Darstellen von Märchen als Erzählfiguren für Kindergruppen gedacht.

Herstellung
Schneewittchen: Schlauchgröße 8, Zwerge: Schlauchgröße 3.
Die Figuren, auch Schneewittchen, sind durch eingenähten Sisal-Figurendraht beweglich. Dieser wird mit Schafwolle umwikkelt und mit einem 3 cm breiten Trikotschlauch überzogen. Erst danach werden die Arme bzw. der gestrickte Körper angezogen. Die „Haut" der Zwerge habe ich mit schwarzem Tee etwas erdfarbener und dunkler gefärbt. Haare und Bärte bei den Figuren sind aus ungesponnener Schafwolle. Eine etwas dickere herausmodellierte Nase und größere Füße sollen das Gnomenhafte der Zwerge unterstreichen.
Das Gerüst für Schneewittchen wird genauso angelegt wie das der Zwerge, nur größer.

Rund um Großmutters Schürze

Neugierig äugen zwei Kinder hinter der Schürze ihrer Großmutter hervor. Behutsam und liebevoll umsorgt Großmutter die kleinen Enkel.
Eigentlich ist die Großmutter eine Puppe für Erwachsene. Für mich war der Gedanke, diese Großmutter anzufertigen, eine doppelte Herausforderung. Einerseits wollte ich für mich herausfinden, wie weit es möglich ist, aus Stoff Gesichter zu modellieren, die ein bestimmtes Alter widerspiegeln. Als mir das gelang, wollte ich andererseits wissen, ob in ein solches Gesicht auch Charaktereigenschaften eingebracht werden können wie Weisheit, Verständnis und Güte. – Nun, ich hatte ein Vorbild vor meinem geistigen Auge . . .

Herstellung
Großmutter: Schlauchgröße 8, Sisal-Figurendraht, ungesponnene Schafwolle. Sie bekam ihrem Alter entsprechend andere Proportionen und ein modelliertes Gesicht, bei dem durch Abnähen auch Falten entstanden. Sonst verlief die Herstellung genau wie in Kapitel „Schneewittchen" beschrieben. Das graue Haar habe ich in zwei Strängen auf den Kopf gelegt und am Nacken fest angenäht. Mit dem herunterhängenden Haar habe ich einen Haarknoten gebunden.
Kinder: Schlauchgröße 3.
Gearbeitet wurden sie wie Puppe „Sophie"; der Schnitt wurde entsprechend der Kopfgröße verkleinert.

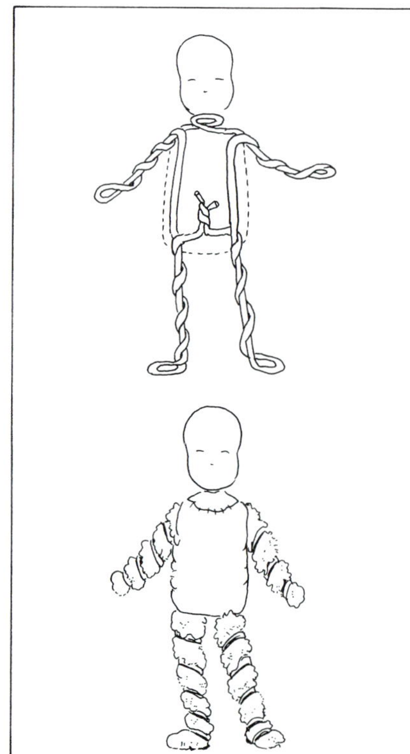

Puppenstuben-Großfamilie

Hier ist eine seltene Momentaufnahme einer Großfamilie zu sehen. Was wird hier wohl gefeiert? – Wie gerne gehen Kinder zu Oma und Opa; oft ist der Weg zu weit!

Da alles in kleinster Ausführung gefertigt wird, ist die Herstellung dieser Puppen im Verhältnis zu den größeren Spielpuppen sehr viel zeitaufwendiger.

Herstellung
Kopf und Körper habe ich aus einem 1 cm breitem Schlauch gearbeitet, wobei ich bei den kleineren Köpfen entsprechend weniger Wolle zum Füllen brauche. Nun nehme ich ein ca. 1 m langes Stück Blumendraht und lege es

wie eine Schlaufe um den Hals der Puppe, so daß auf beiden Seiten gleichmäßig die Enden abstehen. Diese werden doppelt gerollt und zu Armen und Beinen gewickelt (siehe Zeichnung), wobei auf die Proportionen der jeweiligen Puppe zu achten ist, z. B. Vater hat längere Arme und Beine als ein Kind. Der Blumendraht muß an den Seiten („Furche") unbedingt gut eingenäht werden. Auch die Enden des Drahtes, welche zu einer Schlaufe gebogen werden, müssen verdeckt und sicher in der Wolle verschwinden. Danach umwickele ich das Körpergerüst mit langfaseriger Schafwolle und befestige diese mit stramm gewikkeltem Garn, das ich am Körper annähe. Nun ziehe ich den genähten Anzug über den Körper, nähe ihn am Hals an und knicke die Füße hoch, die ebenfalls gut vernäht werden. Ich kann diese kleinen Figuren aber auch ohne Drahtskelett arbeiten, sie sind dann weich und waschbar, doch die funktionelle Beweglichkeit beim Rollenspiel würde dann fehlen. Dieser Aspekt ist eminent wichtig, da Kinder es lieben, familiäre Situationen im Puppenhausmilieu nachzuahmen. Die individuelle Ausgestaltung mit Frisuren, Kleidung, ja sogar winzigen Schuhen ermöglicht den Kindern, eine lebensnahe Atmosphäre auf den Stubenbrettern nachzuempfinden, die für sie die Welt bedeuten.

Reparaturen bei Stoffpuppen

Oft ist ein Puppenkind nach einigen Jahren so „zerliebt", daß die Gesichtshaut dünn geworden ist und vielleicht Maschen oder auch Löcher sichtbar werden. Eine geschickte Mutter wird diese Schäden durch sorgfältiges Stopfen „heilen" können. Gestopfte und geflickte Puppen haben meist einen viel höheren ideellen Wert als die neu gekauften. In ihnen sind, wie die Furchen des Alters - alle persönlichen Erlebnisse und Empfindungen sichtbar geworden.
Manchmal aber ist der Trikot so „dünnhäutig" geworden, daß der Wunsch besteht, dem Puppenkind ein neues Gesicht zu geben. Aber reparieren Sie das Gesicht der Puppe nur, wenn Ihr Kind es wirklich will.

I. Anleitung für ein neues Gesicht

1. Zuerst machen Sie ein Foto von der Puppe, möglichst nicht zu klein!
2. Nun spannen Sie zwei aufeinanderliegende Trikotstücke (hält besser) stramm auf das Gesicht, und stecken Sie diese mit Stecknadeln am Kopf (Haaransatz) fest (siehe Zeichnung).
3. Die überstehenden Kanten werden knapp abgeschnitten und fest angenäht. Im Nacken den Trikotstoff einschlagen, vernähen und den Hals umwickeln.
4. Den überstehenden Trikot unterhalb des Halses wieder fest am Rumpf annähen und einen neuen Halsstreifen befestigen.
5. Augen markieren und neue Augenhöhlen sticken.
6. Dann möglichst mit derselben Wolle den Haar-Ansatz, eventuell auch den ganzen Kopf, übersticken und danach das Gesicht nach der Foto-Vorlage anmalen.

II. Wackeliger Kopf

Sollte der Kopf wackeln, falte man mehrere Streifen Trikot zusammen und lege sie wie einen dicken Schal mehrere Male stramm um den Hals. Fest oben und unten annähen. Ist der Kopf aber immer noch schlenkerig, muß eine „Bauchoperation" vorgenommen werden. Der Puppenbalg wird auf- bzw. abgetrennt und der zu lose gestopfte Rumpf wird mit neuer Wolle, die fest zum Hals hochgedrückt wird, gefüllt.
Das gleiche gilt für locker gewordene Gliedmaßen: Einfach die Naht auftrennen und neue Wolle hineinfüllen.
Ich bin aber sicher, daß Sie als Mutter rechtzeitig auf die kleinen „Krankheiten" des Puppenkindes achten. Sollten Sie sich gar nicht an die Reparatur einer geliebten Puppe heranwagen, schicken Sie die Puppe für ein bis zwei Wochen in ein „Krankenhaus", d. h. in meine Puppenwerkstatt nach Hannover. Ich helfe Ihnen gerne. Auch Puppenkleiderschnitte in Originalgröße können Sie über meine Adresse bestellen.

Sunnhild Reinckens
Fiedelerstr. 1
3000 Hannover 81

Abschied

Der Vorhang schließt sich. Felix, die Marionette, verabschiedet sich für alle Puppen.

Spielpuppen werden durch die Fantasie der Kinder zum Leben erweckt.
Marionetten aber sind die Fortführung meiner Spielpuppen. Durch ihren Körperbau, verbunden mit neun feinen Fäden, können sie sogar zum Abschied winken.

Sollten Sie sich ausführlicher für Marionetten interessieren, finden Sie in dem Brunnen-Reihe-Heft Nr. 151 „Marionetten" von Justus Reinckens Anleitungen und Anregungen.

CIP-Kurztitelaufnahme
der Deutschen Bibliothek

Reinckens, Sunnhild:
Stoffpuppen
wie Kinder sie lieben /
Sunnhild Reinckens. –
Freiburg im Breisgau:
Christophorus-Verlag, 1988
(Hobby & (und) Werken, 22)
ISBN 3-419-52772-1

NE: GT

Eine Vielzahl der Puppenkleider entwarf und nähte Karin Müller. Für viel Hilfe bei der Herstellung der Puppen danke ich Ursula Bandte.

Fotos: Ulrike Schneiders
Zeichnungen:
Christine Reinckens
Umschlaggestaltung:
Michael Wiesinger
Herstellung:
Konkordia Druck GmbH,
Bühl (Baden) 1988